MANDA HANSON hat Kalligraphie, Heraldik und Illuminieren an der Reigate-Kunstakademie studiert. Sie ist als freischaffende Künstlerin tätig und beschäftigt sich auch mit Entwürfen von Wappen. Obwohl ihre berufliche Tätigkeit sie voll in Anspruch nimmt, hält Manda Hanson seit Abschluß ihrer Ausbildung im Jahr 1985 nebenberuflich Vorlesungen und Kurse im Bereich der Erwachsenenbildung ab.

Dieses Buch ist Balavant, Daniel & Jayesh gewidmet

HOBBYWERKSTATT

Kunstvolle Kalligraphie

Manda Hanson

HOBBYWERKSTATT
Kunstvolle Kalligraphie

Text: Manda Hanson

Genehmigte Sonderausgabe für Planet Medien AG
Bundesstraße 4, CH-6340 Zug

Deutsch von Walter Spiegl

Manufactured in China
ISBN 3-625-20485-1

Inhalt

EINFÜHRUNG

Der Begriff Kalligraphie leitet sich ab vom griechischen »Kallos graphe« und bedeutet Schönschreiben. Unser gemeinsamens Ziel soll sein, die Schönschreibkunst mit anderen Techniken zu kombinieren, um eine Reihe interessanter und farbiger Projekte zu verwirklichen.

Jedes Kapitel führt Sie in ein anderes Gebiet der Schönschreibkunst. Nachdem Sie es gemeistert haben, werden Sie durch verschiedene Stadien bis zum fertigen Projekt geführt. Wenn Sie die Alphabete und Projekte Schritt für Schritt verfolgen, erhalten Sie eine solide Grundlage, auf der Sie später Ihre eigenen Ideen verwirklichen können.

Das Material, das Sie zunächst brauchen, liefert Ihnen unser Set. Darüber hinaus benötigen Sie nur noch wenige weitere Dinge, die Sie sich selbst beschaffen müssen, beispielsweise dicken Karton für die Karten. Die in diesem Set vorgeführten Beispiele wurden alle mit dem darin enthaltenen Material ausgeführt.

Das lateinische Vater unser beginnt mit einem keltischen P als Schmuckinitiale. Das P ist in $23^1/_4$ Karat Blattgold ausgeführt, die Rosette ist erhaben. Die matt getönte Schreibfläche wurde mit Tee eingefärbt, so daß das Papier gealtert wirkt und das Werk »antik« aussehen läßt.

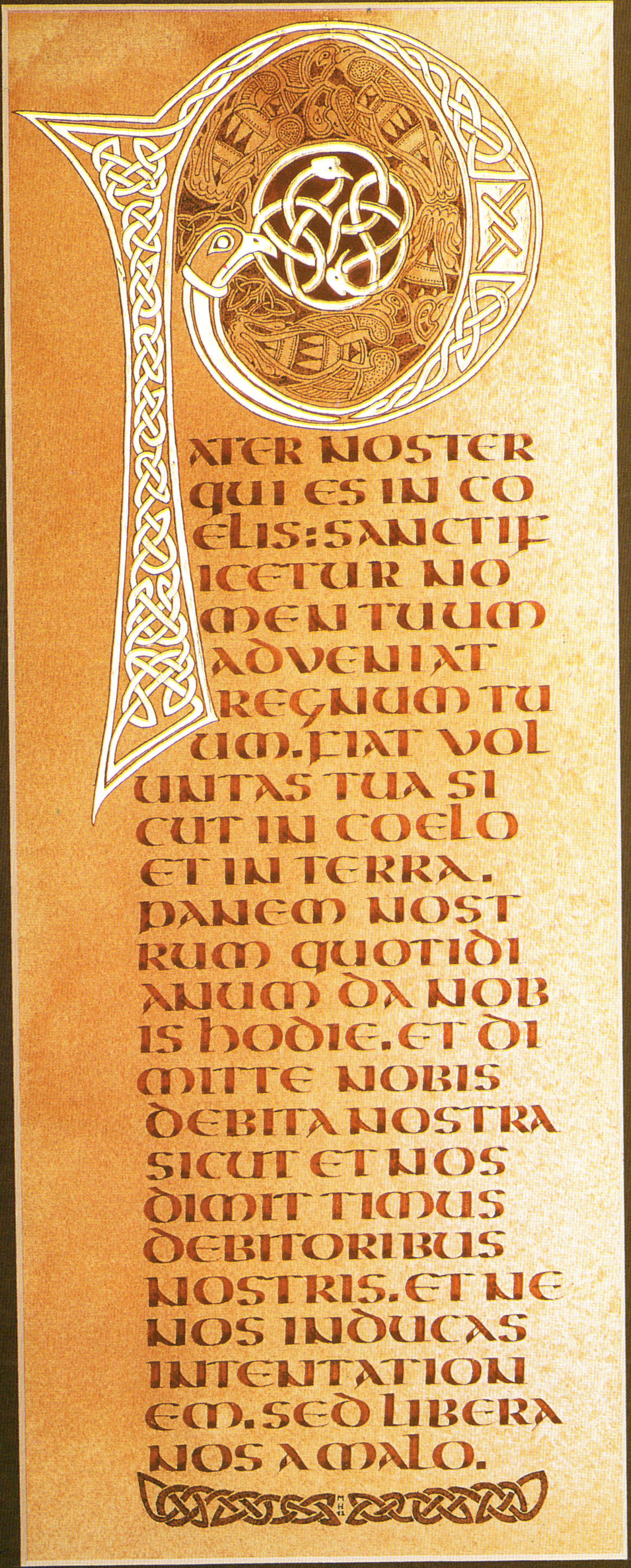
PATER NOSTER
QUI ES IN CO
ELIS: SANCTIF
ICETUR NO
MEN TUUM
ADVENIAT
REGNUM TU
UM. FIAT VOL
UNTAS TUA SI
CUT IN COELO
ET IN TERRA.
PANEM NOST
RUM QUOTIDI
ANUM DA NOB
IS HODIE. ET DI
MITTE NOBIS
DEBITA NOSTRA
SICUT ET NOS
DIMITTIMUS
DEBITORIBUS
NOSTRIS. ET NE
NOS INDUCAS
INTENTATION
EM. SED LIBERA
NOS A MALO.

ANTIQUA ALS SCHMUCKELEMENT

Die als »humanistische Antiqua« bekannte Schreibschrift wurde in der Zeit der Renaissance in Italien entwickelt. Es ist eine sehr elegante und dynamische Handschrift, mit der Sie schöne Ergebnisse erzielen können. Von den verschiedenen Schriftarten ist sie die brauchbarste – ich benutze sie von allen am häufigsten. Sie ist gut lesbar und eignet sich vorzüglich für Grußbotschaften. Wenn man Glückwunschkarten verschickt, sollte man bedenken, daß der Empfänger mit kalligraphischen Formen vielleicht nicht so gut vertraut ist wie Sie, und deshalb ist eine einfache, flüssig geschrieben Antiqua häufig die ideale Schriftwahl.
In der ersten Lektion lernen Sie die Grundzüge der Schreibschrift. Anschließend werden wir viele unterschiedliche Ausschmückungen kennenlernen, und zum Schluß der Übung wenden wir die Kursive in der Praxis an.

LEKTION 1

Beim Üben der einzelnen Buchstaben des Alphabets halten Sie sich an die mit Zahlen versehenen roten Führungslinien. Sie beginnen bei den Punkten und folgen den Linien jeweils in Pfeilrichtung.

Wir beginnen mit einigen Schwungübungen. Dazu benutzen wir die mitgelieferten Schreibfedern und das Linienmusterblatt des Buches. Drücken Sie etwas Aquarellfarbe aus der Tube und verdünnen Sie sie in einer Untertasse mit einigen Tropfen destillierten Wassers.
Der Reiter muß fest auf die Flachfeder aufgesteckt sein, die Spitze etwa 1,5 mm hinter der Vorderkante der Feder liegen. Sie darf den Rücken nur leicht berühren. Der Reiter dient als Farbreservoir und regelt den Durchfluß der Farbe durch den Spalt der Feder. Zum Füllen des Reservoirs verwenden Sie den Pinsel aus dem Set .
Wenn es mit dem Durchfluß der Farbe Probleme gibt, kann das von verschiedenen Faktoren abhängen.

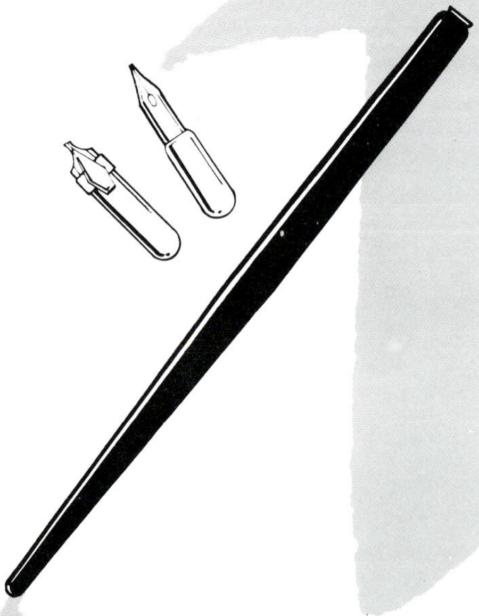

- Die Farbe muß die richtige Konsistenz haben, vergleichbar mit der von Milch. Ist sie zu dickflüssig, fließt sie nicht aus der Feder, zu dünnflüssige Farbe dagegen hinterläßt wässerige Zeichen und neigt zum Klecksen.

zu dickflüssige Farbe

zu wäßrige Farbe

- Achten Sie darauf, daß der Reiter richtig aufsitzt und die Feder nur leicht berührt.

- Sorgen Sie dafür, daß die Schreibfläche sauber und ohne fettigen Stellen ist. Legen Sie immer ein Stück Papier als Schutz unter den Handballen, auch wenn Sie sich vorher die Hände gewaschen haben. An Stellen, wo Fett oder Schweiß ins Papier eindringen, nimmt es keine Farbe mehr an.

SCHWUNGÜBUNGEN

Benutzen Sie die Schwungübungen, um die Feder schreibfähig zu machen. Erst wenn Sie die erforderliche Schreibsicherheit erlangt haben, sollten Sie mit dem Schreiben beginnen.

SCHREIBÜBUNGEN – Während des Schreibens Feder nicht vom Papier abheben

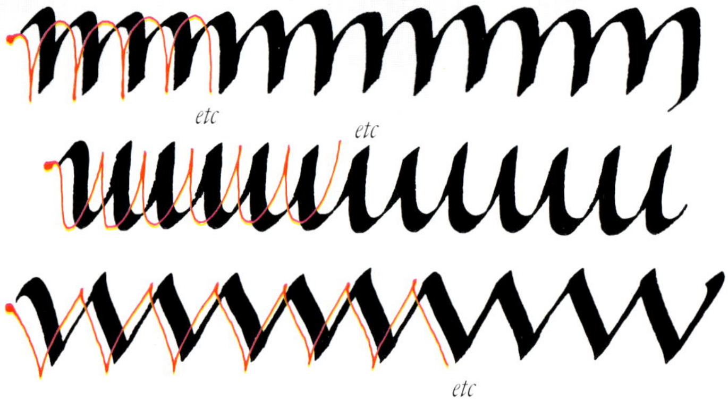

ERKLÄRUNG DER FACHBEGRIFFE

OBERKANTE DES ANSTRICHS
(braucht nicht immer genau eingehalten zu werden)
OBERLÄNGE
OBERKANTE FÜR KLEINBUCHSTABEN
MITTELZEILE
GRUNDLINIE
UNTERLÄNGE
(braucht nicht immer genau eingehalten zu werden)

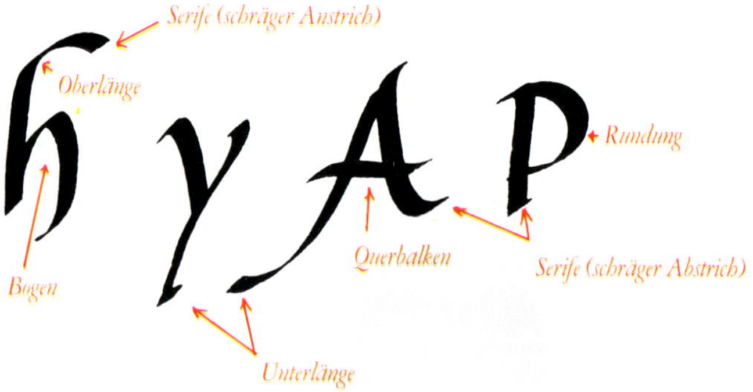

Wenn Sie mit dem Schreiben des Alphabets beginnen, müssen Sie die Flachfeder in einem Winkel von 40–45 Grad ansetzen.

Eine steil angesetzte Feder ergibt eine zu dünne Strichstärke

Bei flacher Federhaltung wirkt der Buchstabe zu dick

Der richtige Winkel beträgt 40–45°

Weil dieses Alphabet auf dem ovalen »O« basiert, üben Sie zuerst diesen Buchstaben.

oooooooooo

Anschließend schreiben Sie die übrigen Zeichen dieser Gruppe. Beachten Sie, daß die Schrifthöhe der Minuskeln (ohne Ober- und Unterlängen) vier Federbreiten beträgt (verwenden Sie das Linienmusterblatt im Anhang dieses Sets).

Schreiben Sie die folgenden Buchstabenfolgen, um Höhe und Abstände zu üben.

ceo bp adgq

vwxy

hmnurt

fijklsz

illumination

minimum

Die Majuskeln haben eine Höhe von sechs Federbreiten, also zwei mehr als die Minuskeln.

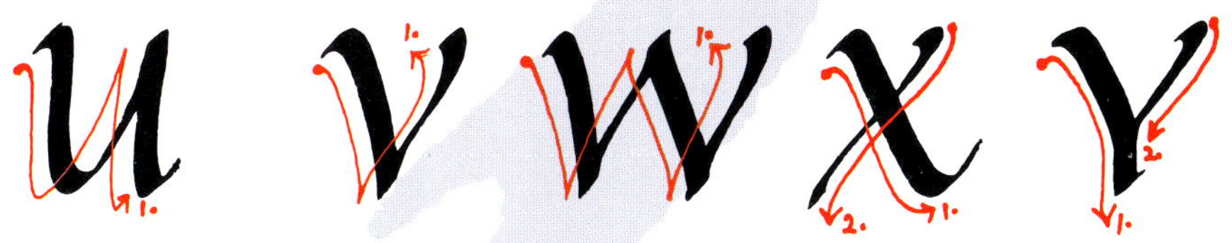

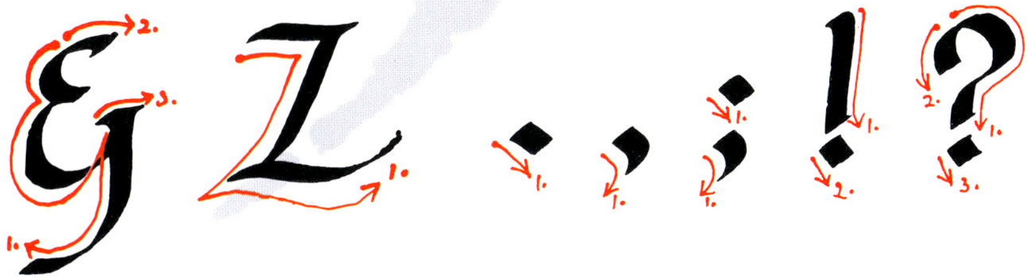

Die hier abgebildeten Zahlen können sowohl mit den in diesem Set gezeigten Antiquaschriften als auch mit den Rundschriften verwendet werden.

Eine wichtige Grundregel für ausgewogene Buchstabenabstände besagt, daß der Abstand zwischen zwei geraden Strichen größer ist als der zwischen einem geraden Strich und einer Rundung; zwei Rundungen liegen noch dichter beieinander.

Großer Abstand zwischen zwei geraden Strichen

Geringer Abstand zwischen geradem Strich und Rundung

Bei zwei Rundungen ist der Abstand geringer

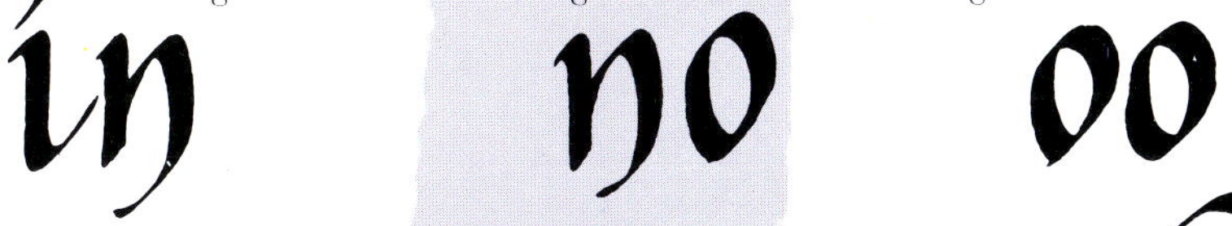

Es schadet dem Schriftbild nicht, wenn der Grundstrich schräg liegt; das ist bei Antiqua-Schriften erlaubt, vorausgesetzt, alle Buchstaben haben dieselbe Schräglage! Zwingen Sie sich allerdings nicht zum Schrägschreiben, und vermeiden Sie unter allen Umständen, daß die Buchstaben nach links umfallen.

Leichte Schräglage der Buchstaben ist erlaubt

... aber niemals nach links geneigt sein

Sie dürfen senkrecht stehen ...

2. Kapitel

Schreibschrift mit Schatten

Lektion 2

Bei dieser Art der Buchstabengestaltung erzielen Sie mit Hilfe des Schatteneffekts eine räumliche Wirkung. Beim Üben ist es empfehlenswert, sich die Buchstaben dreidimensional vorzustellen, wobei das Licht aus der linken oberen Ecke einfällt.

Auf diese Weise ist die Lage des Schattens leichter zu erkennen.

Schreiben mit der spitzen Feder

Um die Schatten einzuzeichnen, verwenden Sie die im Set enthaltene spitze Schreibfeder (die keinen Reiter benötigt). Nachdem Sie die Feder in den Federhalter gesteckt haben, können Sie die Farbe mit dem Pinsel aufstreichen oder die Feder unmittelbar in die Farbe eintauchen. Nehmen Sie nicht zuviel Farbe auf einmal auf, sonst kleckst sie. Bei leichtem Druck auf die Federspitze fließt die Farbe durch den Spalt und hinterläßt einen feinen Strich. Üben Sie zunächst auf einem Stück Papier und bringen Sie die Farbe zur erforderlichen Konsistenz. Wenn Sie mit Goldbronze schreiben, müssen Sie häufig umrühren, weil sich die Metallpartikel schneller absetzen als die Farbpigmente in den Farben.

a b c d e f g h
i j k l m n o p
q r s t u v w
x y z A B C
D E F G H I J
K L M N O P
Q R S T U V
W X Y Z

Eine weitere Verzierungsmöglichkeit der Buchstaben sind Punkte in der Schriftmitte. Es empfiehlt sich, mit weichem Bleistift einen waagrechten, dünnen Strich durch die Buchstaben zu ziehen, damit alle Punkte auf gleicher Höhe liegen.

Alles Gute
zum Geburtstag

Den Bleistiftstrich können Sie wegradieren, nachdem die Farbe trocken ist.

Beachten Sie die geschwungenen Unterlängen bei A und G

Unterlängen können in phantasievollem Schnörkel auslaufen, dürfen aber den Buchstabencharakter nicht verfälschen. Machen Sie eine Bleistiftvorzeichnung.

Glückwünsche
Herzlichen
Dank

Ein Schattenstrich links vom Buchstabenkörper schafft einen weißen Umriß.

Räumlicher Effekt
mit Schattenstrich

Schattenstriche und Punktverzierungen eignen sich gut für ein bis zwei Wörter. Für vollständige Sätze, Textblöcke oder Gedichtverse sind sie allerdings untauglich. Hingegen lassen sie sich hervorragend zum Hervorheben von Überschriften einsetzen.

Jetzt wollen wir die mitgelieferten Farben ausprobieren. Weiß läßt sich mit allen Farben vermischen, Rot und Blau gemischt ergeben Purpur und so weiter. Auf farbigem Karton erzielt man eindrucksvolle Wirkungen mit Weiß oder Gold.

3. KAPITEL

KARTE MIT GLÜCKWUNSCH

LEKTION 3

Trennen Sie im Anhang des Buches ein Blatt hellbraunes Zeichenpapier heraus und falten Sie es in der Mitte.

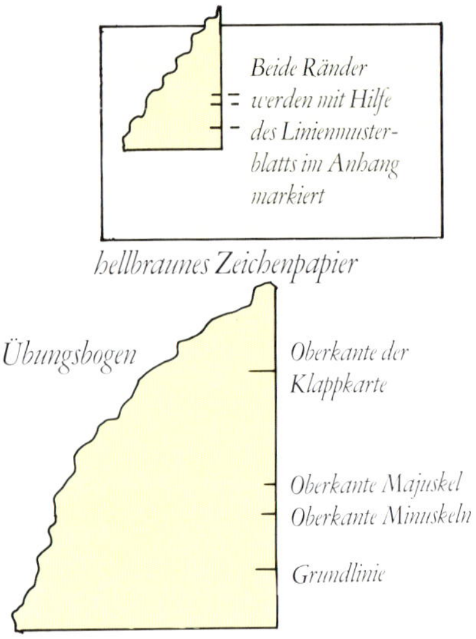

1. Auf einem Blatt Papier schreiben Sie »Viel Glück!«. Zuvor zeichnen Sie die Hilfslinien ein, damit die Buchstaben auf gleicher Höhe stehen: Grundlinie, Oberlänge und Oberkante des Anfangsbuchstabens.
2. Üben Sie »Viel Glück« solange, bis die Buchstaben- und Wortabstände stimmen und die Zeile die richtige Breite hat, um auf die Karte zu passen.
3. Für die Hilfslinien verwenden Sie das Linienmusterblatt. Die Markierungen übertragen Sie auf Übungsblätter und das hellbraune Zeichenpapier der Klappkarte.

Berücksichtigen Sie, daß der Abstand der Schrift zur unteren Kartenkante etwas größer sein muß als zur oberen. Elegant wirkt es, wenn Sie die Oberlängen der Buchstaben **»L«** und **»K«** etwas einrollen und die Unterlänge des »G« zu einem schwungvollen Schnörkel ausziehen. Nach der Farbwahl schreiben Sie die beiden Wörter auf die Karte und fügen die Schmuckelemente hinzu. Als zusätzliche Verzierung kann eine Bordüre (aus den Mustervorlagen) über und unter dem »Viel Glück!« hinzugefügt werden. Die Hilfslinien übernehmen Sie wieder vom Linienmusterblatt.

LEKTION 4

Die bereits vorgestellten Verzierungsarten im Verein mit einigen weiteren bieten verschiedene Gestaltungsmöglichkeiten für Briefkarten, Lesezeichen oder auch nur zur Ausschmückung einzelner Buchstaben des Antiqua-Alphabets.

Schnörkel sind für Schreibschriften wie geschaffen. Bei ihrer Anwendung sind drei Dinge zu beachten:

Dieser Schnörkel wirkt ungelenk.

Richtig: Die Grundform des Buchstabens ist nur unwesentlich verändert.

1. Alle Schnörkel müssen sich als Fortsetzung von Ober- oder Unterlänge ergeben. Sie dürfen den ursprünglichen Charakter des Buchstabens nicht verändern.

Zu stark gekrümmt, ohne Schwung.

Gefällig und kraftvoll, elegant im Ausdruck. Nur die Enden sind sparsam eingerollt.

2. Lange Schnörkelzüge müssen gerade verlaufen und dürfen nur an beiden Enden leicht eingerollt sein.

3. Sorgen Sie dafür, daß reichlich Farbe auf der Feder ist, damit Sie beim Schreiben des Schnörkels nicht absetzen müssen und der Schwung verlorengeht.

Zum Jubiläum

Einladung

Er lebe
H·O·C·H

Beschränken Sie sich neben dem Gold auf eine bis zwei Farben.
Ist die Schrift zu bunt, sieht sie kitschig aus.

Alles Gute
zum Namenstag

Beste Wünsche

Einzelne Wörter in Farbe mit dezenter Ausschmückung wie hier die weißen Längs- und Querstriche beleben einen Satz.

Achten Sie auf die Mittelachse, wenn Sie zwei Wörter untereinander schreiben. Das müssen Sie mehrmals üben, denn nichts sieht schlimmer aus als ungleiche Abstände zu beiden Seiten des kürzeren Wortes.

Wenn Sie einzelne Buchstaben andersfarbig ausfüllen wollen, beschränken Sie sich auf wenige.

Merry Christmas

Unterlängen- und Kalligraphenschnörkel mit dem Bleistift vorzeichnen, dabei auf gefällige Proportionen und Ausrichtung achten.

FRÖHLICHE WEIHNACHTEN

Ein glückliches neues Jahr

NOEL NOEL NOEL

FROHE OSTERN

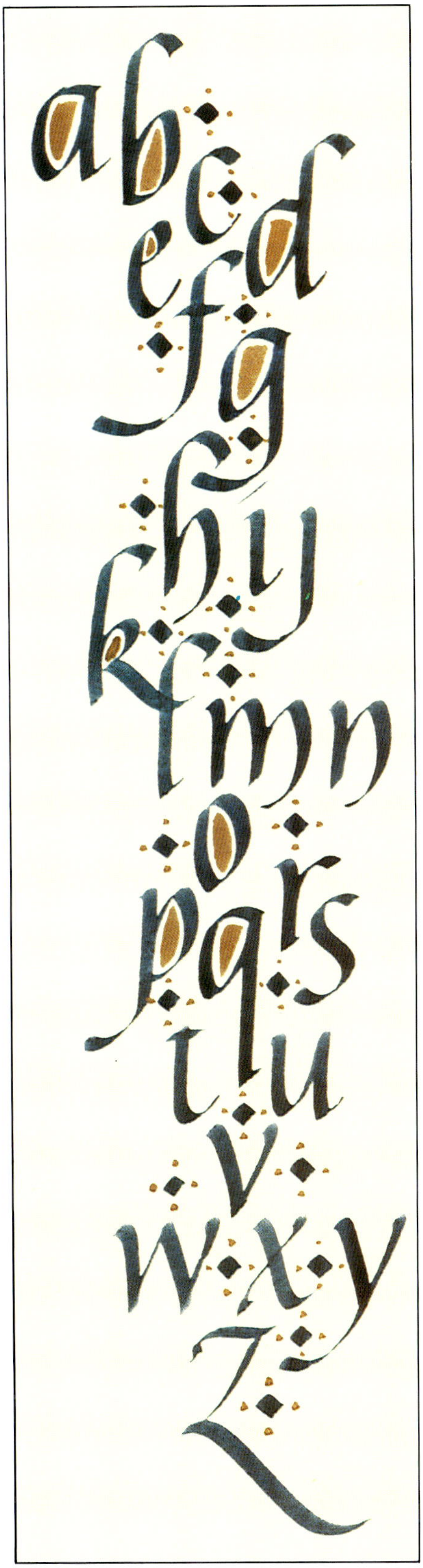

Diese Lesezeichen mit dem ABC wurden ohne Hilfslinien beschrieben. Die Ausschmückung kommt zuletzt. Die geschickte Verteilung der Buchstaben ist von großer Bedeutung für den Gesamteindruck. Vorzeichnung und Übung sind unerläßlich.

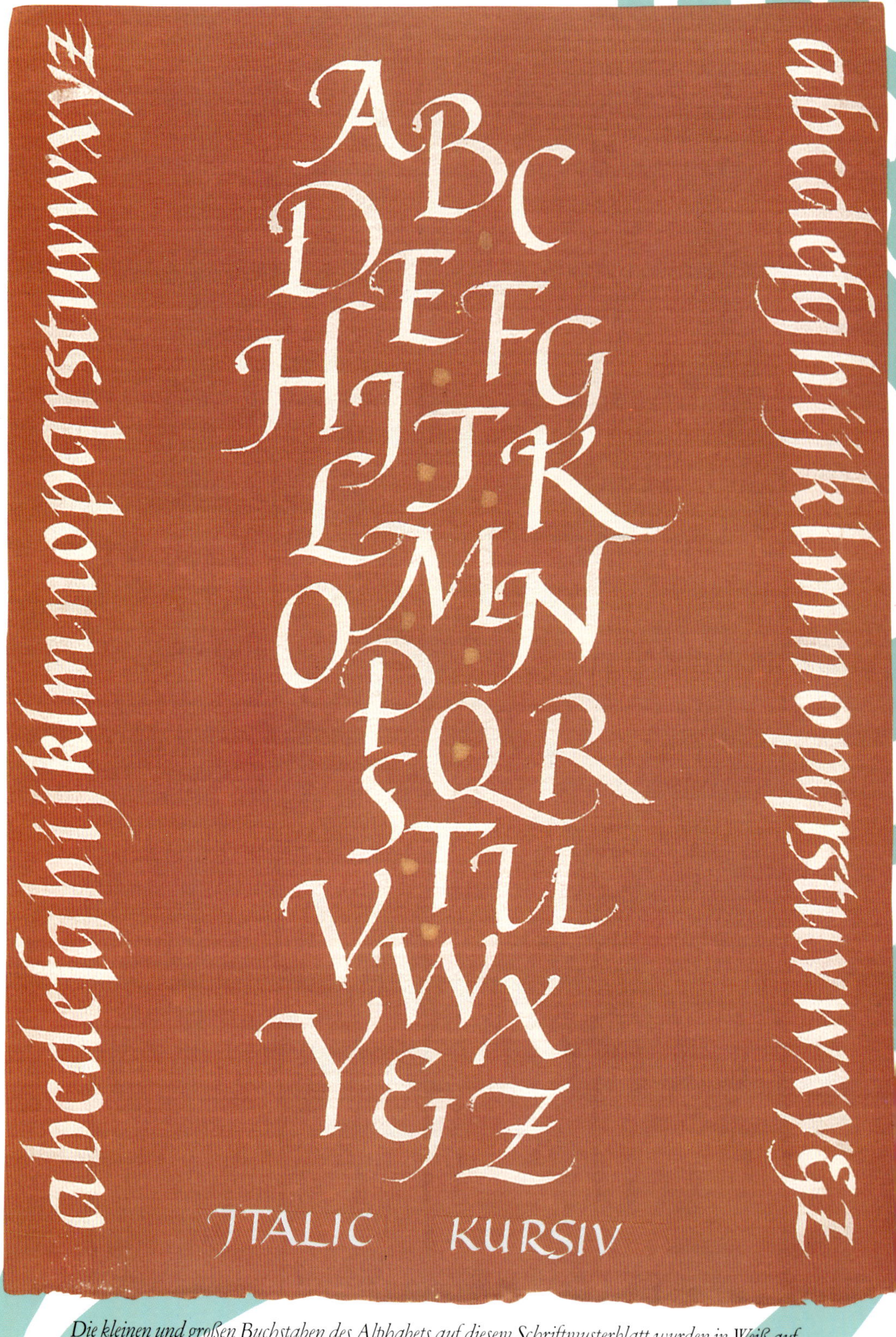

Die kleinen und großen Buchstaben des Alphabets auf diesem Schriftmusterblatt wurden in Weiß auf rauhes, getöntes Papier geschrieben. Einige Goldtupfen zwischen den Majuskeln lockern das Schriftbild auf. Schnörkel bei Buchstaben werden nur sparsam eingesetzt und dürfen den Schriftschnitt nicht wesentlich verändern.

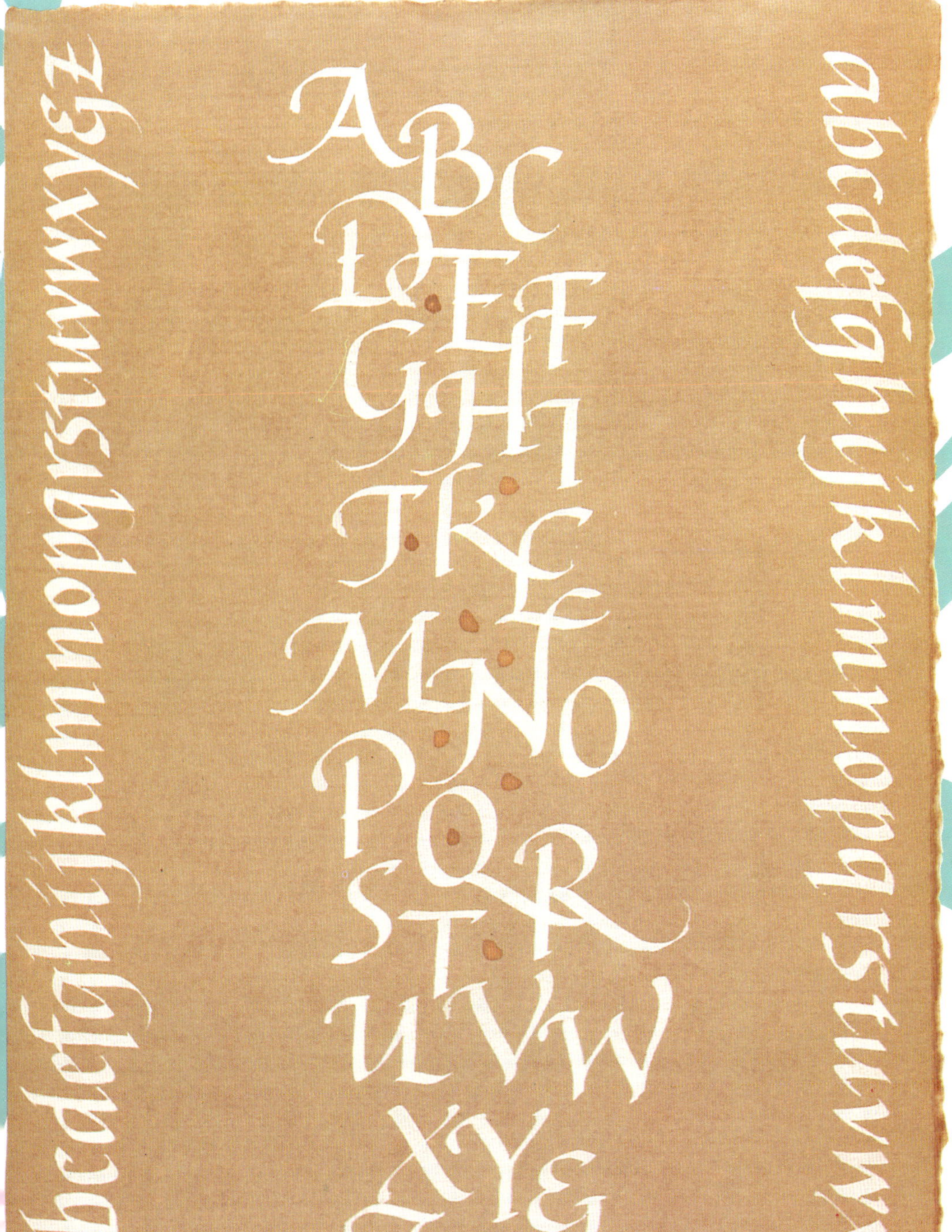
abcdefghijklmnopqrstuvwxyz
ABCDEFGHIJKLMNOPQRSTUVWXYZ
ITALIC
KURSIV
abcdefghijklmnopqrstuvwxyz

Zum 18. und 21. Geburtstag

Lektion 5

Für die fünfte Lektion müssen Sie sich folgende Gegenstände besorgen: • ein Stück leichten, farbigen Karton, 18 cm hoch, 28 cm breit (nach dem Falten in der Mitte 14 cm breit) • ein Papiermesser • etwas Transparentpapier

Pausen Sie die Zahlen vom Vordruck im Anhang dieses Sets ab. Mit einem weichen Bleistift (z. B. Härte 2 B) ziehen Sie die Linien auf der Rückseite des Transparentbogens nach.

Legen Sie das Transparentpapier mit der richtigen Seite nach oben in die gefaltete Karte. Die »1« der »18« muß am Knick liegen, bei der »21« ist es die »2«.

Mit einem etwas härteren Bleistift ziehen Sie die Zahlen nach und übertragen die vorher mit dem weichem Bleistift auf der Rückseite angebrachten Linien auf den Karton. Aber nicht zu fest aufdrücken, damit keine Rillen entstehen.

Entfernen Sie das Transparentpapier und ziehen Sie mit Hilfe eines Lineals die geraden Striche der Zahlen nach. Sollten die Rundungen zu schwach durchgepaust sein, können Sie sie freihändig oder mit dem Kurvenlineal nachziehen. Mit dem Papiermesser schneiden Sie vorsichtig alle auf der Zeichnung schraffiert dargestellten Teile heraus. Am Knick entlang dürfen Sie allerdings nicht schneiden!

Mit dem Linienmusterblatt im Anhang markieren Sie den Stand der Hilfslinien für die Schrift auf den geraden und gerundeten Teilen der Zahlen und zeichnen diese mit dem Bleistift ein.

Rund schreiben braucht viel Erfahrung und Geduld!

Bevor Sie sich an die Ausführung heranwagen, sollten Sie das Schreiben in Rundungen gründlich üben. Es ist viel schwieriger als auf einer geraden Linie, denn Sie müssen die Schreibfläche nach fast jedem Buchstaben ein Stück weiter drehen, damit jeder Buchstabe senkrecht steht; sonst sieht es aus, als wollte er umkippen.

Jetzt üben wir das Schreiben in einer Rundung. Wenn Sie mit matter Farbe auf dunklerem Karton arbeiten, müssen Sie die Farbe dicker anmischen als sonst, aber sie muß noch leichtflüssig genug sein, um aus der Feder zu fließen. Fertigen Sie zunächst eine Bleistiftvorzeichnung an, bevor Sie mit Farbe und Feder zu schreiben beginnen.

Sie können Schattenlinien oder gefiederte Zweige zwischen die Lettern setzen. Bei der »21« wurden die Zweige mit dem Bleistift skizziert und mit grüner Farbe nachgezogen. Ebenfalls mit spitzer Feder wurden die rosa und goldenen Punkte gesetzt.

Wenn Sie zu den Glückwünschen noch etwas hinzufügen wollen, schreiben Sie die Nachricht auf eine andersfarbige Karte, die Sie in die Klappkarte legen.

5. KAPITEL

ILLUMINIERTE INITIALE

LEKTION 6

Zum Illuminieren wird Gold verwendet, so daß der Eindruck eines kostbaren Geschmeides entsteht. Die Buchstaben, die wir als Initialen verwenden wollen (Vorlagenblatt siehe Anhang), stammen aus Augsburger Pressen aus der Zeit von 1473 bis 1482. Nach dem Druck wurden nur im Umriß dargestellte Buchstaben oft mit der Hand koloriert. Für unsere Beispiele verwenden wir Gold und andere Farben. Zwar standen nicht alle Buchstaben des Alphabets zur Verfügung, aber die fehlenden werden aus Teilen vorhandener Buchstaben zusammengesetzt.

An Material für diese Lektion benötigen Sie:
• Transparentpapier • Bleistift Härte HB • Bleistift Härte 2B • Schälchen oder Farbenpalette

Mit dem Bleistift HB pausen Sie einen Buchstaben ab – mit Umrandung – und ziehen die Linien auf der Rückseite mit dem Bleistift 2B nach. Legen Sie die Pause genau in die Mitte eines Bogens hellbraunen Zeichenpapiers im Anhang. Sie können den Bogen falten oder am Knick durchschneiden und für zwei Initiale verwenden.

Mit dem Bleistift HB übertragen Sie den Buchstaben von der Pause auf den Zeichenkarton – nicht zu fest aufdrücken, damit keine Rillen zurückbleiben. Damit das Transparentpapier nicht verrutscht, befestigen Sie es auf der Unterlage mit Büroklammern oder mit nicht zu fest haftendem Klebefilm, damit beim Abziehen das Papier nicht reißt. Das Transparentpapier wird abgenommen und, falls erforderlich, der Buchstabe nachgezeichnet. Bereits jetzt müssen Sie sich über die Anordnung der Ausschmückung Klarheit verschaffen und festlegen, wie sich die Ranken überschneiden sollen.

In der ersten Stufe wird das Gold aufgetragen. Sie mischen das Gold in derselben Konsistenz an wie die übrigen Farben. Ziehen Sie die Konturen des Buchstabenkörpers mit der spitzen Feder nach und füllen Sie das Innere mit Gold aus. Achten Sie darauf, daß genug Goldlösung auf der Feder ist. Der Druck auf die Feder muß stark genug sein, daß sich der Spalt spreizt und ausreichend Goldfarbe herausfließen kann. Sind größere Flächen zu vergolden, verwendet man den Pinsel; aber für Buchstaben genügt in der Regel die spitze Feder.

Für gerade Linien verwenden Sie ein Lineal mit Hohlkehle. Es wird mit der oberen Seite nach unten auf das Papier gelegt. Mit der spitzen Feder ziehen Sie die Linie nach.

Wählen Sie zwei Farben aus, die Sie neben dem Gold verwenden wollen. Sie werden feststellen, daß die meisten Rankenmuster des Initialgrundes zweigeteilt sind, so daß Sie jeden Zweig in einer anderen Farbe anlegen können. Für das »J« habe ich beispielsweise Rot und Blau verwendet. Tragen Sie die Farben genauso auf wie das Gold. Damit Buchstabe und Verzierung zu einer Einheit verschmelzen, müssen wir sowohl die vergoldeten als auch die farbig angelegten Teile mit einer Kontur versehen. Wenn Sie zu viele Farben verwenden, wirkt die Initiale unruhig. Für die Kontur des »J« habe ich Zinnoberrot mit etwas Blau abgetönt. Beim Nachziehen der Kontur ist es ratsam, die Hand rechts neben der Zeichnung aufzustützen, wenn Sie Rechtshänder sind, bzw. links davon, wenn Sie Linkshänder sind.

Um den Buchstaben hervorzuheben und zusätzlich auszuschmücken, können Sie Goldpunkte auf die farbigen Flächen setzen, die Umrißlinien mit Punkten einfassen.

Vergewissern Sie sich, bevor Sie mit dem Konturieren beginnen, daß die Flächen wirklich trocken sind und die Farbe auf der spitzen Feder nicht zu dünnflüssig ist; denn wenn die Farben naß in naß aufgetragen werden, verlaufen sie. Wenn Sie statt der Vergoldung Farbe nehmen und anstelle der Farbe Gold, können Sie damit eine völlig andere Wirkung erzielen. Hier ein bewährter Arbeitsablauf:

1. *Buchstabe durchpausen*
2. *Vergoldung anbringen*
3. *Farbige Teile anlegen*
4. *Buchstabe, Schmuck und Einrahmung konturieren*
5. *Einfassung des Buchstabens mit Goldpunkten*
6. *Goldpunkte auf die Dekoration*

Das Beispiel unten mit der Initiale »J« ist als Glückwunschkarte zur Geburt eines Kindes gedacht, dessen Namen mit »J« beginnt. Es ist Ihnen freigestellt, das Geburtsdatum und/oder das Datum der Taufe (falls Sie den Glückwunsch zur Taufe verschicken wollen) hinzuzufügen.

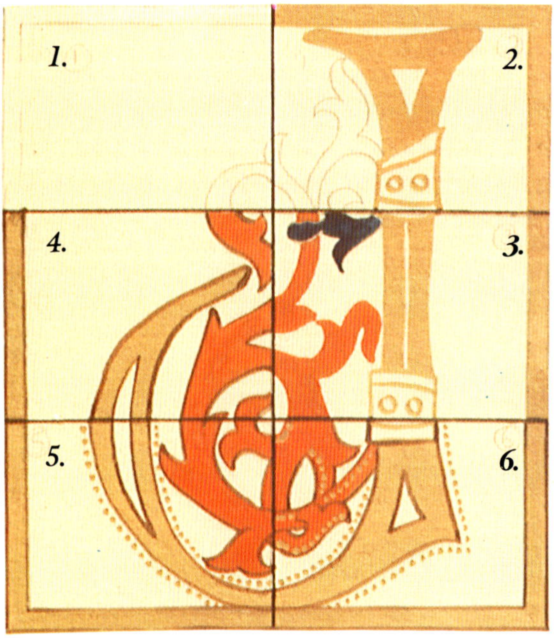

KATHARINA
GEBOREN AM SONNTAG,
DEM ZWANZIGSTEN FEBRUAR
VOM GLÜCK GESEGNET

1. Linieneinfassung

6. Kapitel

Bordüre für ein Passepartout

Lektion 7

Für diese Übung benötigen Sie ein Passepartout aus Spezialkarton, das Sie sich überall dort zurechtschneiden lassen können, wo Bilderrahmen angeboten werden, also bei Kunsthändlern oder Glasern. Viele kalligraphische Darstellungen gewinnen an Ausdruckskraft durch ein ansprechend gestaltetes Passepartout.

Daniel: Für diesen Namenszug habe ich ein Passepartout aus elfenbeinfarbenem Karton mit burgunderrotem Rückendeckel verwendet. Bestimmen Sie zunächst die Abstände der Einfassung, indem Sie von der Innenkante des Passpartoutausschnitts nach außen messen. Die Abstände müssen nach allen vier Seiten hin gleich sein und werden mit Punkten markiert; anschließend ziehen Sie die Linien mit dem Lineal und der spitzen Feder aus.

Bei diesem Namen habe ich mich auf eine Farbe sowie Gold für das Rankenwerk in der Initiale und der Ausschmückung der Buchstabenkörper beschränkt. Entsprechend besteht die Bordüre auf dem Passepartoutdeckel ebenfalls nur aus dieser Farbe und Gold, so daß ein harmonischer Gesamteindruck entsteht.

2. Zeilenmarkierung

3. Goldbordüre

4. Rote Bordüre

DANIEL

Schablone für eine Bordüre

Lektion 8

Sie benötigen dazu: • ein Papiermesser • festen Karton zum Ausschneiden der Schablone • ein Schwämmchen

Nehmen Sie die Schablonenvorlage im Anhang dieses Sets und schneiden Sie auf einer geeigneten Unterlage das Muster aus. Ziehen Sie beim Schneiden das Messer immer zu sich heran. Sie müssen das Blatt häufig drehen, um saubere Rundungen zu erzielen.

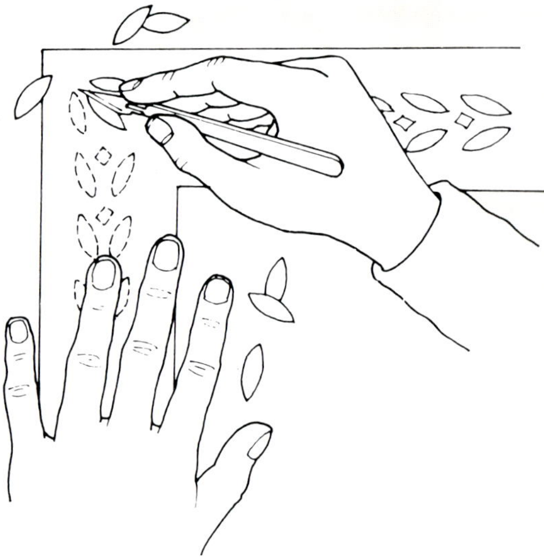

Drücken Sie etwas Farbe aus der Tube und verdünnen Sie sie in einer Untertasse. Nehmen Sie nicht zuviel Wasser, denn die Konsistenz muß ziemlich dickflüssig sein. Mit dem Schwämmchen nehmen Sie die Farbe auf, streichen überschüssige Farbe auf einem Stück rauhen Papiers ab und üben darauf das Einfärben der Schablone.

Mit Hilfe der Schablone können Sie die Bordüre auf das zurechtgeschnittene Passepartout übertragen oder unmittelbar auf das beschriebene Blatt. Mit einer weiteren Farbe erzielen Sie eine fröhlichere Wirkung.

Auf der Schablonenvorlage im Anhang finden Sie noch weitere dekorative Muster für schablonierte Einrahmungen.

Diese von der Schablone übertragenen Bordüren eignen sich für Passepartouts und Schreibblätter

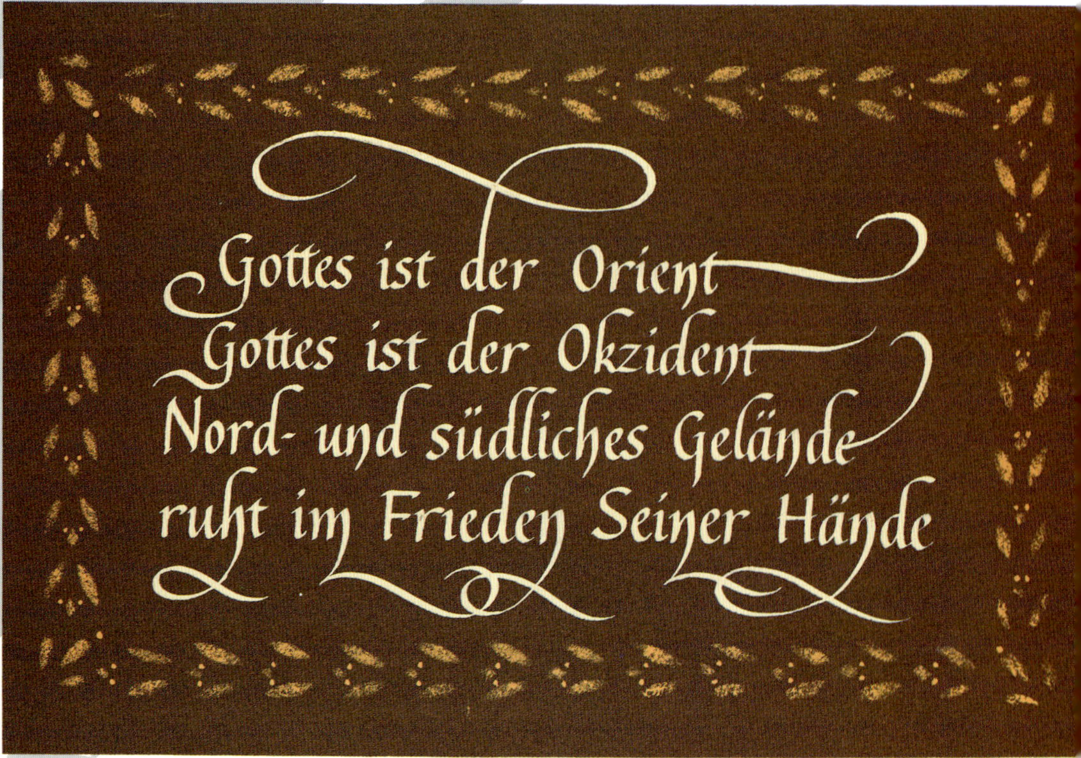

Grußkarten in größerer Stückzahl lassen sich vorteilhaft und mit geringem Zeitaufwand mit Schablonen dekorieren. Am längsten dauert das einmalige Ausschneiden der Muster.

8. KAPITEL

DEKORATIVE INITIALEN

LEKTION 9

Die in dieser Lektion verwendeten Initialen stammen aus einem Schriftmusterblatt von Hans Weiditz und wurden 1521 von Jost de Neqker geschnitten. Die Entwürfe zu den Lettern soll angeblich Albrecht Dürer gezeichnet haben.

Auf dem Vorlagenblatt für Antiqua-Initialen im Anhang finden Sie 24 Lettern. Es fehlen das »W« und das »Q«. Das »W« bekommen Sie, wenn Sie das »M« auf den Kopf stellen. Beim »Q« brauchen Sie nur ans »O« die Querschlinge anzuhängen.

Die Initialen sind von geradliniger Schlichtheit. Von Bedeutung ist die Ausschmükkung des Hintergrunds. Die Buchstabenkörper bleiben ohne Verzierungen. Diese Initialen lassen sich gut verwenden für Lesezeichen, Glückwunschkarten, Namen oder als reiner Wandschmuck oder individuelles Geschenk hinter Passepartout in einem Rahmen. Die Buchstabenkörper werden in Gold oder einer Farbe angelegt.

So wird's gemacht:

1. *Quadrat zeichnen*
2. *Den gewünschten Buchstaben in die Mitte pausen (vgl. Seite 27).*
3. *Hintergrund in Gold oder einfarbig anlegen.*
4. *Den Dekor als Pause hinzufügen oder mit einem weichen Bleistift freihändig einzeichnen. Den Gold- oder Farbgrund vorher gut antrocknen lassen und den Stift nur ganz leicht aufdrücken.*
5. *Mit spitzer Feder Dekor ausfüllen.*
6. *Nun der Buchstabe: Mit Lineal und spitzer Feder die geraden Umrißlinien nachziehen, dann ausfüllen und die Konturen anfügen.*
7. *Ebenfalls mit Lineal und Feder die Quadratumrandung anbringen.*

Üben Sie die Ausschmückung des Hintergrunds mit der Feder, bevor Sie mit der eigentlichen Zeichnung beginnen. Überzeugen Sie sich davon, daß der erste Farbauftrag völlig trocken ist, bevor Sie mit dem nächsten beginnen.

Buchstaben, seien Sie in Gold oder farbig angelegt, heben sich deutlicher von ihrer Umgebung ab, wenn sie mit einer Konturlinie eingefaßt sind.

Nächste Doppelseite: *Anregungen zur Ausschmückung des Hintergrunds und illuminierte Initiale. Ein ansprechender Schmuck für Gedichte, Texte und Namen.*

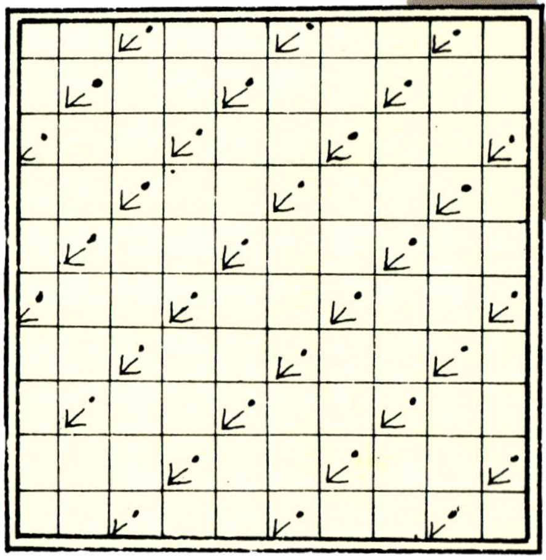
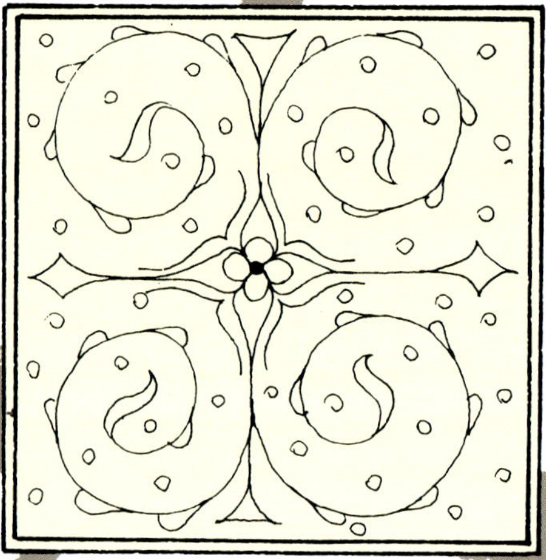
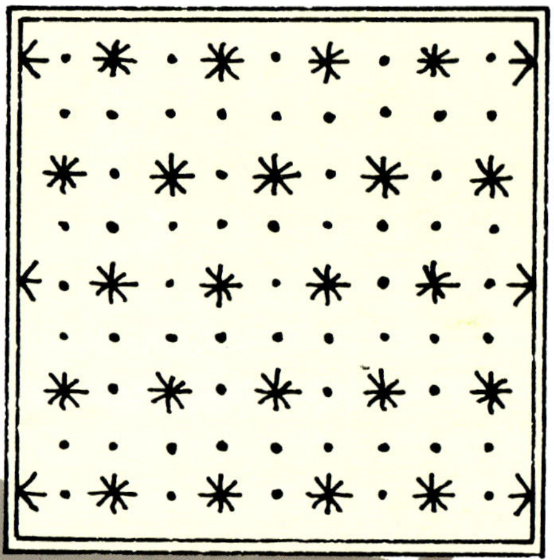
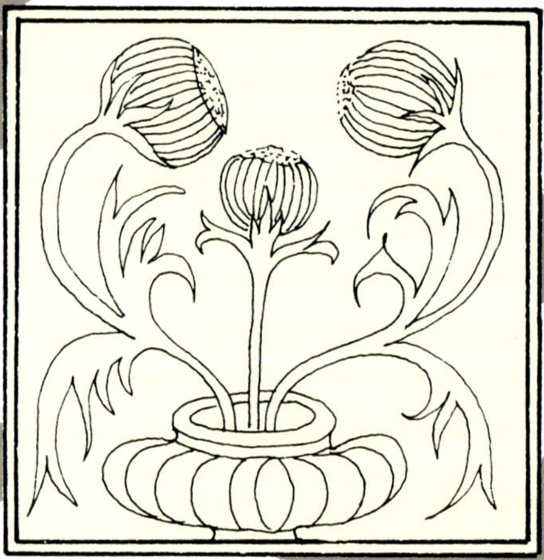

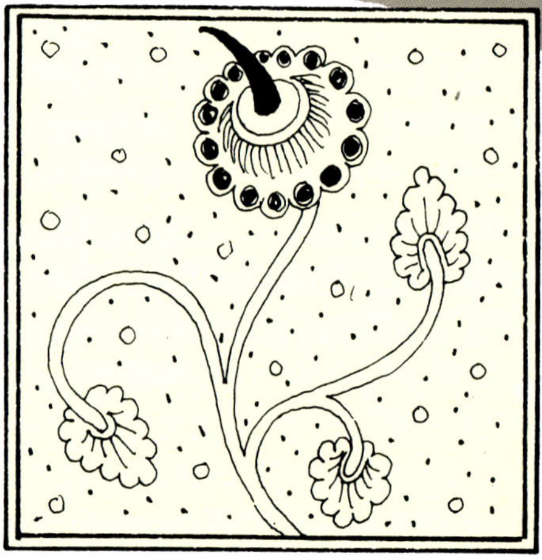
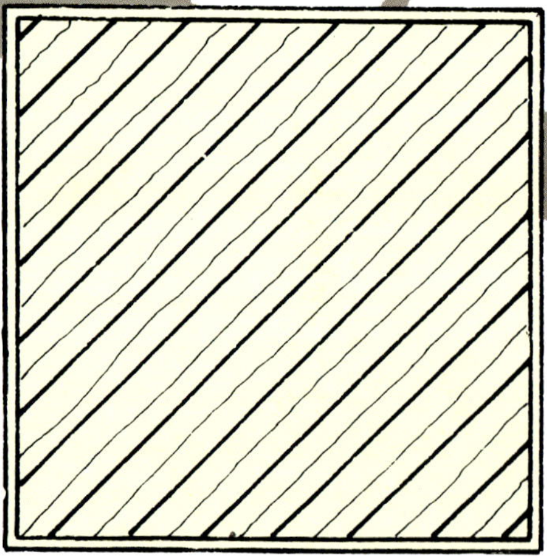

Schmuckinitial »D« *Das »D« (unten) ist dem Vorlagenblatt für Schmuckinitialen im Anhang entnommen. Der pastose Hintergrund besteht aus 23¼ Karat Blattgold mit geprägten Verzierungen.*

Elizabeth II. *Die Initiale wurde zur Verwendung für von der Krone gewährte Privilegien entworfen. Das pastose »E« ist mit 23¼ Karat Blattgold belegt. Die übrigen Goldbuchstaben sind in Muschelgold ausgeführt. Der Rest des Textes wurde mit chinesischer Stangentusche geschrieben.*

Schmuckinitale »B« *Das »B« in 23¼ Karat Blattgold auf pastosem Grund, der dunkelblaue Hintergrund mit Rankendekor und Punktfüllung in Goldbronze. Die für die Rahmenbordüre des Passepartouts verwenden Farben entsprechen denen der Initiale.*

9. KAPITEL

GEBROCHENE SCHRIFTEN

LEKTION 10

Neuzeitliche »gebrochene« Schriften sind von der Gotischen Textur und der Schwabacher des 15. Jahrhunderts abgeleitet. Moderne Fraktur und ihre Varianten sind leichter lesbar als ihre Vorgänger und schonen die Augen. In Verbindung mit dekorativen Versalien lassen sich eindrucksvolle Effekte erzielen.

Dem mit der Flachfeder ausgeführten Schriftzug ist der Versalbuchstabe »G« in der behäbig gerundeten lombardischen Rotunda vorangesetzt.

Es gibt verschiedene Schriftstile für Versalien, angefangen von den einfach geschnittenen neuzeitlichen bis zu den breitlaufenden Majuskeln der lombardischen Rotunda des 15. Jahrhunderts, die vorwiegend als Schmuckinitalen in alten Handschriften Verwendung fanden.

modern gothic

Die Anwendungsmöglichkeiten für Frakturschriften mit Initialen sind vielfältig. Hier einige Beispiele: Glückwunschkarten, Einladungen, Weihnachts- und Neujahrskarten, Eigennamen auf Diplomen und Urkunden, Etiketten für Weinflaschen, Bucheinbände, Firmenlogos, Speisekarten, Einführungen und Überschriften bei Gedichten und vieles mehr. Sie brauchen nur die Versalien von den folgenden drei Seiten abzupausen, auf Ihre Vorlagen zu übertragen und mit der spitzen Feder farbig auszuarbeiten.

Brandy

Brombeer-likör

Grüner Veltliner

Einige Versalien sind schwer lesbar (verziertes »G« in Grüner Veltliner). Deshalb müssen die übrigen Lettern einfach geschnitten sein.

Zusätzliche Auschmückungen wie Punktreihen und schwungvolle Schnörkel werden nachträglich angefügt.

Himbeer-geist

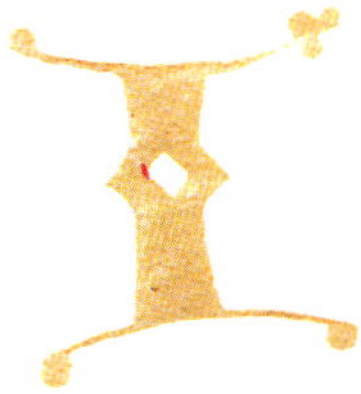

Es ist in jedem Fall von Vorteil, sich in der Anzahl der Farben zu beschränken. Für die Lettern auf dieser Seite habe ich im jeweiligen Fall nur zwei verschiedene Farben verwendet, und trotzdem ist die Wirkung eindrucksvoll.

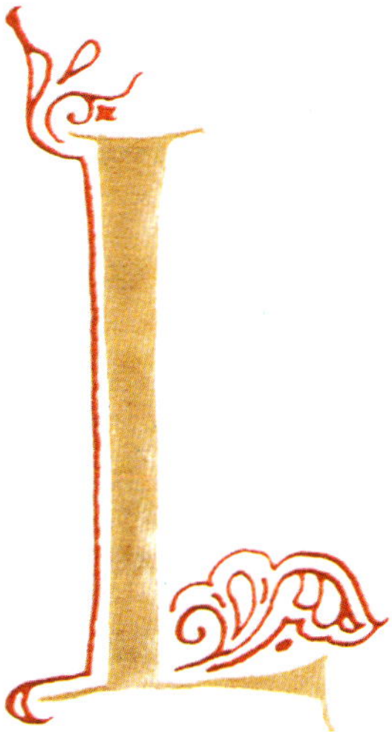

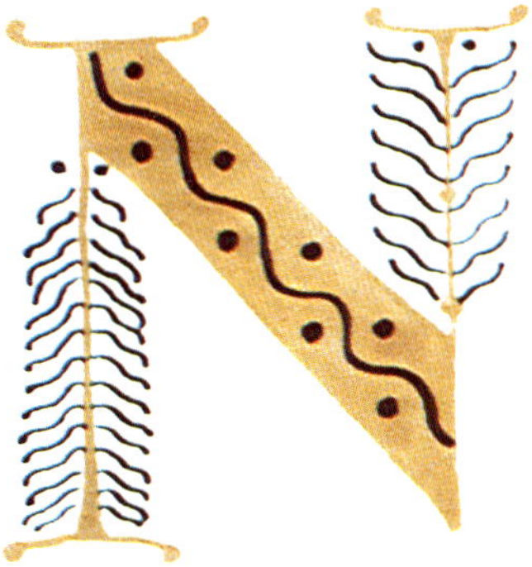

Halten Sie die Dekorationen schlicht, damit sie nicht überladen wirken.

Schriftzüge stets mit dem Bleistift vorzeichnen und dann in Schönschrift ausführen. Die Verzierungen werden hinzugefügt, wenn alles andere fertig ist.

Die Querschlinge des »Q« muß schräg nach unten weisen, damit genügend Platz bleibt für die anschließenden Buchstaben des Wortes.

Q

Rose

Safran

T T U

Um Raum zu sparen, können die Buchstaben gleichmäßig überlappend aneinandergesetzt werden.

Wonne-
mond

X Yvonne

Z

10. KAPITEL

RANDBORDÜREN UND FÜLLORNAMENTE

LEKTION 11

Hier finden Sie einige Anregungen für die zusätzliche Ausschmückung Ihrer Arbeiten. Die Muster lassen sich als Randeinfassungen, Eckenschmuck, die ornamentale Ausgestaltung von Initialen und dergleichen mehr verwenden.

Für das abwechslungsreiche Spiel mit dicken Grundstrichen und feinen Haarstrichen werden Flachfeder und spitze Schreibfeder eingesetzt. Selbst wenn Sie nur mit der Flachfeder arbeiten, können sie breite und schmale Striche erzielen, wie auf den Musterbeispielen von Blume, Herz und stilisiertem Vogel auf der nächsten Seite zu erkennen ist. Sie brauchen die Feder nur entsprechend zu halten, nämlich im Winkel von 30 bis 40 Grad wie beim Buchstabenschreiben. Dies ist besonders wichtig, wenn Sie mit Gold arbeiten.

Was immer Sie auch gestalten wollen: Bleistiftvorzeichnungen haben sich stets als sehr nützlich erwiesen.

Vorzeichnungen und Hilfslinien geben Ihnen Sicherheit bei der Ausführung der Arbeiten.

Figurale Motive eignen sich vorzüglich in Verbindung mit Anreden in Briefen, daneben auch als Zeilenfüller und als Verzierung großer Initialen.

Mit etwas Übung gehen Randbordüren schnell von der Hand und lassen sich für viele Zwecke verwenden, z. B. auf Karten oder Briefbögen.

Oft genügen wenige, einfache geometrische Grundelemente, um daraus interessante und abwechslungsreiche Schmuckbordüren zusammenzufügen.

PAUSVORLAGE FÜR GEBURTSTAGSKARTE

Beigefarbene Flächenteile ausschneiden

PAUSVORLAGE FÜR GEBURTSTAGSKARTE

Beigefarbene Flächenteile ausschneiden

Schablone

Blatt heraustrennen und vor dem Herausschneiden der Muster auf Zeichenkarton kleben.

Weitere Vorschläge für schablonierte Muster

Die dunkel getönten Flächen ausschneiden

Vorlagen für Schmuckinitialen

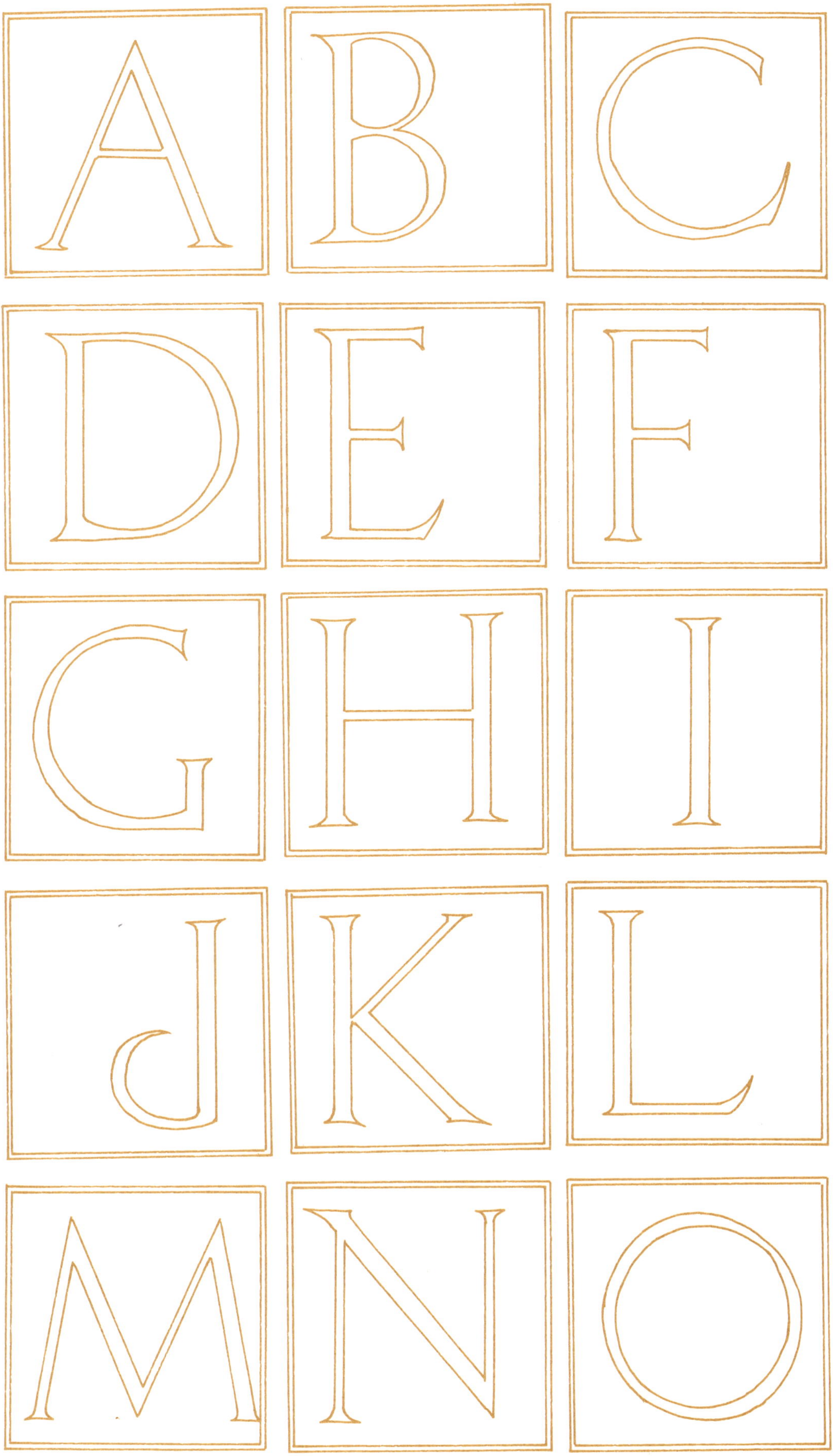

Diese Ergänzung zum O ergibt das Q

P R S
T U V
X Y Z

a b c d
v w